EXAMEN

DU PROJET DE LOI

SUR LA PRESSE.

IMPRIMERIE DE FAIN,
rue Racine, nº. 4, place de l'Odéon.

EXAMEN

DU PROJET DE LOI

SUR LA PRESSE,

PAR

ÉVARISTE DUMOULIN.

PARIS.

BAUDOUIN FRÈRES, LIBRAIRES,
RUE DE VAUGIRARD, N°. 17.

M. DCCC. XXVII.

EXAMEN

DU

PROJET DE LOI SUR LA PRESSE.

CHAPITRE PREMIER.

MOTIFS ET TEXTE DU PROJET.

Aux plaintes qui éclatent de toutes parts, aux vives alarmes qui se manifestent dans toutes les classes de la société, à l'effroi général partout répandu, il est aisé de reconnaître que la France entière comprend aujourd'hui qu'on veut renverser le dernier rempart à l'abri duquel elle pouvait encore défendre ses droits méconnus, ses libertés violées.

On apprécie enfin la sagesse, la vérité de cette prévision d'un grand orateur, qui s'écriait au sein du parlement britannique : Otez à la nation toutes ses libertés, laissez-lui seulement la liberté de la presse, et ses libertés ne périront point [1]. Nous en étions réduits à ce dernier refuge; la plainte n'é-

---

[1] La congrégation, le ministère ne l'ignorent point, et c'est pour cela qu'ils veulent à tout prix consommer le dernier sacrifice.

tait pas interdite; elle pouvait encore s'exhaler, sans fruit il est vrai pour les victimes immolées, puisque le ministère, adoptant tous les principes de Rome, proclame incessamment son infaillibilité; mais du moins servait-elle de bouclier aux victimes nouvelles marquées par les agens ministériels et la congrégation. Sans la publicité, tous les écrivains condamnés pour écrits politiques, et surtout pour écrits religieux, auraient éprouvé le sort de l'infortuné Magallon; on les aurait traînés, des prisons de Paris, dans les dépôts des départemens, attachés à la main d'un scélérat infecté d'un mal pestilentiel; sans la publicité, tous les citoyens, traités en forçats, se trouveraient exposés à parcourir la France de brigade en brigade, de cachots en cachots comme le malheureux Chauvet; sans la publicité, nous aurions vu se renouveler peut-être le double attentat d'un militaire récompensé par un grade, pour avoir tiré un coup de fusil sur les passans qui n'auraient pas deviné sa consigne.

Cette publicité salutaire, protectrice pour tous, enchaîne encore de quelques faibles liens la faction dominatrice et cruelle, qui veut, à tout prix, substituer les passions monacales à l'équitable puissance des lois, qui veut remplacer le sceptre par l'encensoir! Pour lui obéir, le ministère, esclave et complice de cette faction ennemie, ne craint pas de soumettre aux législateurs d'une grande nation, qui ont reconnu, proclamé l'ardent amour de la France pour la liberté de la presse le projet destructeur dont voici les motifs et le texte :

Exposé des motifs du Projet de loi sur la presse, présenté à la Chambre des députés le 29 décembre 1826, par M. le comte DE PEYRONNET, *garde des sceaux.*

MESSIEURS,

Les bonnes législations se font successivement. Le temps, qui change les mœurs et les intérêts des sociétés, fait naître aussi pour elles des besoins nouveaux et des inconvéniens imprévus. C'est lui, le plus souvent, qui découvre ou qui fait les imperfections et l'insuffisance des lois ; les lois doivent avoir, comme lui, leurs progrès et leurs changemens.

Dans le temps où nos lois sur la presse furent portées, on aurait essayé vainement de leur donner plus de force et d'autorité. L'expérience n'avait pas encore justifié ceux qui pressentaient l'avenir et qui s'effrayaient de leur impuissance. De graves délits étaient déjà commis, il est vrai, mais du moins le champ des affaires publiques n'avait pas encore paru trop étroit à nos écrivains. La presse n'était encore, à leurs yeux, qu'une garantie de nos libertés. On n'avait pas imaginé de s'en servir contre la liberté elle-même, et d'en faire, pour les gens de bien, un instrument de crainte et d'oppression. Le foyer domestique était un asile sacré ; la paix des familles n'était pas troublée ; on conservait encore quelque respect pour la religion, pour la vertu, pour la vérité. On n'avait pas vu, ce qui nous était réservé, la foi religieuse sans cesse attaquée, la pudeur publique sans cesse offensée, les meilleurs citoyens sans cesse outragés ; d'odieux libelles ne venaient pas chaque jour décimer les réputations.

Ce qu'on n'eût jamais voulu croire alors, Messieurs, nous en avons été les tristes témoins. La presse est parvenue depuis quelque temps au dernier terme de la licence la plus effrénée. Il n'y a rien de si sacré, de si élevé, de si honorable, qu'elle n'ait entrepris de rabaisser et de flétrir ; et l'insuffisance des lois a été si grande, que la justice, souvent réduite à rester muette, a été forcée, quand elle a pu rompre le silence, à prononcer des châtimens illusoires qui semblaient démentir ses condamnations.

C'est un grand mal, Messieurs, lorsque les lois sont impuissantes, et qu'elles ne protégent plus avec efficacité ni l'ordre public, ni les citoyens. On ne saurait trop se hâter de faire cesser une situation aussi fâcheuse ; et c'est pour y parvenir, Messieurs, que le roi nous a chargés de vous apporter le projet de loi dont je vais analyser les dispositions.

Parmi les reproches qu'on adressait à notre législation sur la presse, quelques-uns avaient vivement frappé les esprits.

On se plaignait que la publication des écrits pût être faite au moment même du dépôt.

Le dépôt, disait-on, est une précaution sage et nécessaire ; mais à quoi sert-elle si elle ne précède pas la publication ? Le dépôt n'est utile que pour faciliter l'examen du livre, et il n'y a que l'examen qui puisse expliquer le dépôt : quel avantage peut-on retirer d'une lecture tardive qui ne révèle le mal que lorsqu'il est consommé ?

Qu'importe un châtiment, même sévère, lorsque l'édition tout entière est déjà répandue et distribuée ? Qu'importe une condamnation qui ne fait qu'augmenter la vogue de l'ouvrage et multiplier les profits de l'écrivain condamné ? La poursuite du délit ne doit pas, sans doute, devancer le délit lui-même, ni la saisie précéder la publication ; mais n'est-il donc pas convenable et juste d'accorder à l'autorité publique les moyens, sinon de prévenir, du moins de prévoir et de poursuivre le premier délit au lieu du dernier ?

On se plaignait aussi de l'excessive indulgence des disposi-tions pénales, de la faiblesse, et, pour ainsi dire, de l'inutilité de ces peines, que rend plus faibles encore et moins efficaces la difficulté naturelle de saisir et de caractériser des délits toujours enveloppés d'apparences fausses et équivoques, et qui se dérobent si aisément à la sévérité du juge, lors même qu'ils n'échappent pas à la pénétration de son esprit.

On se plaignait des bornes étroites et peu régulières dans lesquelles la responsabilité des imprimeurs était circonscrite, et qui les rendaient illusoires.

On se plaignait du nombre toujours croissant de ces publi-cations par petits volumes, qui se multiplient presque sans frais, qu'on vend ou qu'on donne presque indifféremment, qui circulent presque sans obstacle et sans terme ; véritables auxiliaires des feuilles périodiques dont ils reproduisent et augmentent même les inconvéniens, sans en offrir les avan-tages et les garanties.

On se plaignait que la vie privée des citoyens eût été li vrée à la merci des fabricateurs de pamphlets..

On se plaignait de l'impunité des diffamateurs, résultat malheureux, mais inévitable, de ces lois récentes, qui, vio-lant les règles fondamentales de notre droit criminel, avaient constitué un privilége en faveur de la calomnie, et avaient soustrait ce délit, lui seul entre tous les autres délits, à l'exercice de l'action publique.

On se plaignait enfin du scandale inoui de cette étrange fiction qui, substituant légalement le mensonge à la vérité, livrait de faux coupables à des jugemens nécessairement in-justes, et demandait à nos tribunaux, pour expiation des outrages commis envers la religion ou la morale, des con-damnations qui ne pouvaient frapper que des innocens.

Telles étaient donc les principales imperfections de notre législation de la presse. Voici, Messieurs, par quels moyens nous vous proposons de les corriger.

Nul écrit de vingt feuilles et au-dessous ne pourrait être publié pendant les cinq jours qui suivraient le dépôt. Les autres écrits ne pourraient être publiés qu'après un délai de dix jours. Tout écrit de cinq feuilles et au-dessous serait soumis à un timbre fixe. Quelques exceptions seulement seraient établies pour affranchir de ces obligations les écrits que leur forme ou leur caractère ne permettent pas d'y soumettre.

Des peines seraient prononcées contre ceux qui violeraient ces dispositions. D'autres peines atteindraient l'imprimeur qui, méditant une publication furtive et prématurée, imprimerait un nombre de feuilles plus considérable que celui qu'il aurait énoncé dans sa déclaration. Enfin, tout déplacement d'une partie quelconque de l'édition hors des ateliers de l'imprimeur, pendant les cinq ou les dix jours qui suivraient le dépôt, serait considéré comme une tentative de publication, et la tentative, dans ce cas, suffirait pour autoriser la saisie.

D'un autre côté, l'intervention des éditeurs responsables ne serait plus admise pour les écrits périodiques ; ce seraient les propriétaires eux-mêmes, c'est-à-dire ceux qui profitent de la publication, qui en répondraient devant la justice ; ce seraient eux qui feraient la déclaration préalable qu'exige la loi du 9 juin 1819 ; ce serait contre eux que les poursuites seraient dirigées, que les jugemens seraient prononcés, que les condamnations s'exécuteraient ; les mineurs, les femmes et les étrangers, tous ceux, en un mot, qui n'auraient pas la plénitude de la capacité civile, seraient écartés, le timbre serait augmenté, les cautionnemens seraient maintenus ; les seuls écrits périodiques qui fussent exempts du cautionnement, seraient ceux qui seraient réellement consacrés aux sciences, aux arts ou aux lettres, et qui ne paraîtraient que deux fois par mois ou à des termes plus éloignés ; on s'abstiendrait d'étendre aux cautionnemens des journaux le privilége de second ordre, institué au profit des prêteurs de fonds employés aux cautionnemens des comptables; la nature et la forme des sociétés seraient fixées pour les entreprises de journaux; le nombre même des associés serait limité; ceux qui auraient fait la déclaration seraient, aux yeux de la loi et des tribunaux, les seuls propriétaires du journal et même du cautionnement; tous les actes qu'ils feraient en cette qualité seraient valables, tous les engagemens que d'autres personnes contracteraient seraient sans valeur.

Ce n'est pas tout : les peines pécuniaires seraient augmentées; on les augmenterait pour les provocations au crime et au délit, pour les divers délits d'outrages, d'offenses et d'attaques déjà prévus par les lois de 1819 et de 1822; on les augmenterait pour tous les délits de diffamation; toute publication sur les actes de la vie privée serait interdite; les délits de diffamation pourraient être poursuivis d'office; enfin, les imprimeurs seraient, dans tous les cas, responsables civilement des écrits qui sortiraient de leurs presses, et ils seraient tenus de plein droit d'acquitter les amendes, les dommages-intérêts et les frais portés par les jugemens de condamnation.

Quels avantages pourrait-on attendre d'un pareil système ? Le voici, Messieurs :

Par le délai qui suspendrait la publication, on acquerrait la faculté d'examiner les écrits avec quelque soin, et d'en connaître le danger en temps opportun; la surveillance des magistrats ne serait ni trompée ni prévenue; ils atteindraient le délit au moment même où il viendrait d'être consommé, et s'ils n'empêchaient pas qu'on le commît, ils en empêcheraient du moins la continuité; ils ne préviendraient pas la publication proprement dite, ils préviendraient un plus grand nombre d'actes de publication.

Par le timbre dont on frapperait les petits écrits, on acquerrait l'avantage de les soumettre à la condition des jour-

naux avec lesquels ils ont, comme on sait, tant de rapports
et d'analogie. Il deviendrait plus difficile de les répandre
dans les ateliers, dans les maisons d'éducation et dans les
casernes. On s'en servirait moins souvent pour attaquer les
croyances, les mœurs, la fidélité du soldat, du peuple et de
la jeunesse. La corruption serait plus lente et plus rare
quand elle serait plus chère pour les corrupteurs.

En substituant les propriétaires de journaux aux éditeurs
responsables, on purifierait, pour ainsi parler, la législation
elle-même ; on en ferait disparaître une combinaison fraudu-
leuse qui blesse la conscience du juge et altère le caractère
de ses décisions ; on rendrait à la loi toute son efficacité en
faisant retomber les peines sur des hommes qui en ressenti-
raient la gêne et la honte, au lieu de les appliquer à des malheureux qui s'en réjouissent et qui n'y voient que le profit
qu'ils doivent en recueillir ; on obtiendrait, en un mot, des
garanties certaines et étendues, à la place de ces garanties
illusoires dont la justice devient le jouet, et qui ne peuvent
ni préserver ni dédommager la société d'aucun désordre.

En élevant l'échelle des peines, on établirait une propor-
tion plus exacte entre la perversité de l'action et son châtiment, entre le tort souffert par la société et la réparation
qui lui serait accordée, entre le danger d'un exemple perni-
cieux et l'énergie des moyens employés pour en prévenir les
effets. En châtiant avec plus de sévérité les diffamateurs, et
surtout en permettant aux magistrats de les poursuivre
d'office, vous rendriez à la législation criminelle l'uniformité
qui doit être son principal caractère, et sans laquelle elle ne
peut éviter de paraître, au moins quelquefois, injuste ou
inconséquente ; vous délivreriez la société d'un mal profond
et honteux qui la trouble et qui la corrompt ; vous feriez
cesser la funeste sécurité de ces lâches calomniateurs qui,
fondant leurs calculs coupables sur l'honneur même des victimes qu'ils ont résolu de sacrifier, sans égard et sans res-

pect pour le sexe, pour l'âge, pour le malheur, pour la dignité, vendent effrontément au public les turpitudes qu'ils ont inventées, certains qu'une âme délicate dédaignera de se plaindre, et ne voudra pas ajouter au scandale de l'offense l'éclat d'un débat public et d'un jugement.

En prohibant la publication des actes de la vie privée, toutes les fois que les personnes intéressées n'y auraient pas consenti, on n'enlèverait au public la connaissance d'aucun fait dont il lui importe réellement d'être informé ; on couvrirait d'un voile impénétrable, mais nécessaire, cette partie des actions de l'homme dont il ne doit compte à personne, si ce n'est à Dieu et à sa famille ; on préviendrait, du moins en partie, ces allusions, ces rapprochemens et ces équivoques où tout le monde découvre aisément l'injure, excepté toutefois le juge, à qui la loi ne permet pas de l'apercevoir ; on rendrait la liberté de la presse à ses limites et à sa destination naturelles ; elle s'exercerait sur les intérêts généraux pour lesquels elle a été établie, et respecterait les intérêts domestiques qu'elle ne touche jamais sans les offenser.

Enfin, Messieurs, par la responsabilité civile qui serait imposée aux imprimeurs, on ferait une juste application du principe de droit naturel et de droit civil, qui prescrit que chacun répare non-seulement le dommage qu'il a causé volontairement, mais encore celui qu'il a causé par sa négligence ; on enlèverait à des hommes qui n'exercent pas toujours leur profession avec assez de prudence, une excuse évidemment abusive, qui détermine souvent l'absolution du coupable, sur le prétexte qu'il n'a pas lu ce qu'il a pourtant imprimé ; on donnerait aux auteurs dépourvus de modération ou d'expérience, des censeurs naturels, éclairés et libres, qui les avertiraient de leurs fautes en refusant d'y participer ; on offrirait à la société des garans certains et solvables qui ne pourraient se dérober aux poursuites ni éviter de satisfaire aux condamnations.

Voilà, Messieurs, les principaux avantages du projet que l'on vous propose ; j'en rechercherai maintenant les incon-véniens.

Ce délai de cinq jours qui doit suivre le dépôt et précéder la publication nuira-t-il à la liberté de la presse ? Nullement, puisqu'on en affranchit avec soin tous les écrits dont la publication peut être urgente. Sera-ce une mesure de prévention ? Nullement, puisque la saisie ne précédera point la publication.

Est-il abusif de considérer l'enlèvement de l'édition, hors de l'atelier de l'imprimeur, comme une tentative de publication, et de punir cette tentative de la même peine que le délit ? Nullement ; car, premièrement, sans cette précaution toutes les autres seraient illusoires ; secondement, l'enlèvement ne peut, dans ce cas, avoir d'autre but que de faciliter et de préparer la publication ; troisièmement, les principes généraux du droit criminel autorisent à poursuivre la tentative de certains délits comme les délits mêmes.

Le timbre sera-t-il une charge onéreuse, une formalité pénible, une entrave inutile pour les écrivains ? Comment en serait-il ainsi pour les pamphlets, lorsque tout le monde semble convenir qu'il en est autrement pour les journaux ? Comment hésiter d'imposer à ces productions souvent dan gereuses un frein que les journaux supportent, et dont personne ne songe à les affranchir ? Pourquoi refu er de suivre l'exemple que nous ont donné d'autres peuples, et dont l'expérience leur a fait sentir avant nous la nécessité ? En quoi la véritable liberté de la presse, celle qui s'exerce légalement et de bonne foi, serait-elle intéressée au rejet d'une mesure qui n'aura d'autre effet que d'élever de quelques centimes le prix de ces ouvrages éphémères, et qui ne nuira tout au plus qu'à ceux qui, dépourvus de talent, de mérite et d'utilité, ne pourraient obtenir assez de succès , ni trouver assez d'acheteurs pour compenser les frais qu'exigerait leur publication ?

Les propriétaires de journaux se plaindront-ils du tort qu'on leur fait ? Pourront-ils se plaindre du nouveau droit qu'on exige d'eux ? Regretteront-ils qu'on les prive du singulier privilége d'expier leurs fautes par des mandats d'arrêt, et d'être châtiés sur la personne d'autrui pour les délits qu'ils commettent et dont ils recueillent seuls les avantages ? A qui de semblables plaintes paraîtraient-elles légitimes ? Qui refusera de trouver juste que le trésor royal, qui fait d'ailleurs d'autres sacrifices pour eux, obtienne une meilleure part dans leurs bénéfices, et que la justice soit enfin dispensée de se trahir elle-même, et de condamner ceux qu'elle sait n'être pas coupables ? Blâmera-t-on les précautions qu'on veut prendre pour éviter les fraudes et pour empêcher les propriétaires d'éluder la responsabilité qui doit reposer sur eux ? On pourra dire sans doute que ces précautions sont nombreuses ; mais qui voudrait qu'il fût possible de les supprimer ? Otez du projet les dispositions qui règlent la propriété, le cautionnement, et aussitôt de faux propriétaires se présentent, de faux coupables sont livrés à nos tribunaux, de fausses garanties sont offertes à la société ; la loi récente renouvelle toutes les erreurs de l'ancienne loi.

Critiquera-t-on l'exagération des amendes ? Qu'on réfléchisse à la gravité des délits et que l'on prononce ; qu'on examine la législation d'un pays voisin, et que l'on compare ; qu'on dise s'il est une somme d'argent qui puisse compenser le mal que la diffamation fait au cœur de l'homme de bien.

Attaquera-t-on la responsabilité civile à laquelle nous prétendons soumettre les imprimeurs ? Mais sous quel rapport ? L'imprimeur n'a-t-il pas dû examiner l'écrit avant que de l'imprimer ? N'a-t-il pas dépendu de lui de rester étranger au mal qui s'est fait, et peut-être même de le prévenir ? Il ne l'a pas lu, dira-t-on. Nous le supposons nous-mêmes, et c'est justement pour cela qu'il n'est pas complice. C'est pour cela aussi que la disposition est nécessaire ; car s'il était complice, il serait responsable de tout. Mais s'il n'a pas commis un délit, en a-t-il moins commis une faute grave, une négligence répréhensible ? Cette négligence n'est-elle pas la principale cause du mal ? Est-il contraire à l'équité que ; n'étant pas responsable du délit, parce qu'il n'y a pas participé volontairement, il soit néanmoins responsable de la négligence qu'il a certainement commise, et dont il ne saurait se justifier ?

Mais cette responsabilité rendra les imprimeurs plus timides ? Oui, certes ; elle les rendra plus attentifs et plus circonspects ; elle les rendra moins indifférens sur la nature des écrits qu'on leur propose et qu'ils publient. On verra moins de ces marchés scandaleux dans lesquels un écrivain qui n'a rien à perdre, et un imprimeur à peu près certain de l'impunité, règlent froidement le partage du butin qu'ils se promettent de faire aux dépens des choses saintes ou des personnes honorées. Sera-ce un mal, Messieurs ? vous en jugerez ; pour nous, il nous semble que l'ordre public y puisera de nouvelles forces, et que la véritable liberté s'accroîtra de tout ce que perdra la licence.

Se récriera-t-on sur l'exercice de l'action publique, sur le malheur d'un homme vengé malgré lui, sur la diffamation du libelle, renouvelée par la diffamation de la défense ? Messieurs, le terme d'un grand scandale est à ce prix ; à ce prix est la condamnation des diffamateurs. Voulez-vous qu'on puisse impunément déchirer et calomnier ? prêtez l'oreille aux dangereuses délicatesses de ceux qu'on diffame. Voulez-vous rendre le repos aux familles et protéger, comme on le doit, la généralité des gens de bien ? rentrez sans balancer dans les voies communes ; faites disparaître une exception dangereuse qui choque les principes les plus importans de notre législation ; réfléchissez que le ministère public a été institué en France pour prévenir les inconvéniens des accasations privées; rappelez-vous les éloges unanimes qu'a obtenus cette institution; songez que le plus beau droit de vos magistrats est d'exercer une vigilance constante et universelle pour préserver la société de tous les délits qui la troublent ou qui la menacent; dites ensuite si la diffamation n'est pas un délit grave et honteux; si le nombre de ces délits ne s'est pas accru sans mesure; s'il vous paraît que l'impunité ne soit pas la principale cause de leurs progrès; dites qui doit l'emporter dans l'esprit des législateurs, d'un intérêt privé ou de l'intérêt général de la société ou d'un citoyen, du repos de tous ou des inquiétudes d'un seul.

On a refusé de laisser aux magistrats l'action publique, de peur de redoubler le danger de la calomnie par la discussion de ses causes; et bien loin de là, on a multiplié, en effet, la calomnie, en la délivrant du seul ennemi qui pût consentir à la combattre et à l'accuser.

Tant que les diffamateurs n'auront pour adversaires que leurs victimes, ils ne craindront rien et mépriseront les vaines menaces de la loi; quand les magistrats auront recouvré le droit de les poursuivre, ils craindront tout, et la certitude du châtiment étouffera le scandale avant qu'il ait éclaté.

L'homme de bien peut mépriser ou pardonner la diffamation, comme il pourrait pardonner le vol, les violences, l'assassinat même; mais nul n'a le droit de contraindre la société à remettre la peine du vol ou de l'assassinat, sous le prétexte qu'il lui plaît de les pardonner, ou qu'il redoute les inconvéniens d'un débat public. Pourquoi donc aurait-on le droit de remettre la peine de la calomnie? Est-ce que l'auteur d'un larcin fait plus de tort à la société que n'en fait un diffamateur en ruinant la réputation d'un citoyen honnête et habile? Est-ce que la société doit moins de protection à notre honneur qu'à nos biens? Est-ce qu'il importe moins à l'état qu'il y ait des hommes honorés que des hommes riches? Non, Messieurs; l'estime publique dont jouissent les hommes de bien est la plus précieuse portion du patrimoine des familles, et c'est aussi une importante richesse pour l'état. La même protection doit les couvrir toutes; la même vigilance doit les défendre et les préserver. La loi française ne peut pas affecter tant de zèle pour les intérêts, tant d'indifférence pour l'honneur et pour la vertu!

Telles sont, Messieurs, les dispositions que les circonstances actuelles nous font considérer comme nécessaires; tels sont les motifs qui nous ont déterminés à vous en proposer l'adoption. Le caractère général de ces dispositions n'échappera point à l'attention de la chambre; elles suivent la faute et ne la précèdent jamais; elles n'ont pour but que de rendre la répression plus prompte et plus sûre, plus forte et plus vraie, plus étendue et plus efficace; elles ne sont dirigées que contre le délit reconnu, contre le fait que les lois déclarent coupable.

Elles n'ôtent rien à l'autorité de la justice régulière; elles lui restituent, au contraire, un droit important dont elle avait été imprudemment dépouillée; elles ne touchent à la presse que pour la garantir des excès qui la déshonorent; elles ne sacrifient ni la liberté à l'ordre public, ni l'ordre public à la liberté.

Que faut-il de plus? Veut-on que la liberté de la presse ne soit désormais que la liberté des profanations, des diffamations et des impostures? En ce cas, nous l'avouerons, le projet de loi ne doit pas être approuvé. Mais s'il est vrai que les hommes de toutes les opinions, de toutes les religions, de toutes les classes; s'il est vrai que les honnêtes gens de tous les partis et de toutes les conditions ont également en horreur les impiétés, les publications licencieuses et les calomnies, nous le dirons librement, Messieurs, ce projet ne doit pas seulement être accueilli par eux sans défiance et sans défaveur, il doit encore obtenir leur approbation et leurs suffrages.

PROJET DE LOI.

TITRE PREMIER.

DE LA PUBLICATION

CHAPITRE Ier.

De la publication des écrits non périodiques.

Art. 1er. Nul écrit de vingt feuilles et au-dessous ne pourra être mis en vente, publié ou distribué, de quelque manière que ce soit, pendant les cinq jours qui suivront le dépôt prescrit par l'art. 14 de la loi du 21 octobre 1814, et par l'art. 29 de la loi du 26 mai 1819.

Le délai sera de dix jours pour les écrits de plus de vingt feuilles.

En cas de contravention, l'imprimeur sera puni d'une amende de 3,000 fr.; l'édition sera en outre supprimée et détruite.

La feuille d'impression se composera, pour chaque format, du nombre de pages admis dans le commerce de la librairie.

Ne seront comptées, pour la formation des feuilles d'impression, que les pages dont la composition, la justification et les caractères seront conformes aux règles et procédés ordinaires de l'imprimerie.

2. Les dispositions de l'art. 1er. ne s'appliquent point

aux discours des membres des deux chambres; aux publications prescrites par l'autorité publique ; aux mandemens et lettres pastorales ; aux mémoires sur procès, signés par un avocat inscrit au tableau, et publiés pendant le cours de l'instance; aux mémoires des sociétés littéraires et savantes établies avec l'autorisation du roi ; aux journaux et écrits périodiques qui paraissent plus de deux fois par mois, et qui sont tenus en conséquence de fournir un cautionnement; aux écrits sur les projets de loi présentés aux chambres, lorsque ces écrits seront publiés pendant que la discussion sera ouverte dans chacune d'elles ; aux avis et affiches dont la publication aura été permise par l'autorité municipale.

3. Sera puni des peines portées par les art. 15 et 16 de la loi du 21 octobre 1814, tout imprimeur qui imprimerait un plus grand nombre de feuilles que le nombre énoncé dans la déclaration qu'il aura faite en exécution de l'art. 14 de la même loi. Les feuilles qui excéderaient ce nombre seront supprimées et détruites.

4. Tout placement ou transport d'une partie quelconque de l'édition hors des ateliers de l'imprimeur, et avant l'expiration du délai fixé par l'art. 1er., sera considéré comme tentative de publication.

La tentative du délit de publication sera poursuivie et punie, dans ce cas, de la même manière que le délit.

5. Tout écrit de cinq feuilles et au-dessous sera assujetti au timbre fixe. Le timbre sera de 1 fr. pour la première feuille de chaque exemplaire, et de 10 cent. pour les autres feuilles. Le droit sera dû pour les fractions de feuilles comme pour les feuilles entières. En cas de contravention, les imprimeurs, éditeurs et distri-

buteurs seront punis d'une amende de 3,000 fr ; l'édition sera en outre supprimée et détruite.

Sont toutefois exceptés de cette disposition les discours des membres des deux chambres, les publications prescrites par l'autorité publique, les mandemens et lettres pastorales, les catéchismes et livres de prières, les livres élémentaires employés dans les maisons d'éducation, les mémoires des sociétés littéraires et savantes établies avec l'autorisation du roi, les journaux et affiches qui sont déjà soumis par les lois existantes au timbre fixe.

6. Les peines portées par les art. 1 et 5 de la présente loi sont indépendantes de celles que les auteurs de la publication auront encourues pour les autres crimes ou délits qui auront été commis par cette publication.

7. Les dispositions du présent titre sont indistinctement applicables à tous les écrits imprimés, quels que soient le mode et les procédés de leur impression.

CHAPITRE II.

De la publication des écrits périodiques.

8. Aucun journal ou écrit périodique quelconque ne pourra être publié s'il n'a été fait préalablement une déclaration indiquant le nom des propriétaires, leur demeure, et l'imprimerie autorisée dans laquelle le journal ou écrit périodique devra être imprimé. Cette déclaration sera faite par les propriétaires du journal, et non autrement ; elle sera reçue, à Paris, à la direction de la librairie, et dans les départemens, au secrétariat

général de la préfecture. Si la déclaration est reconnue fausse par les tribunaux, le journal ou écrit périodique cessera de paraître.

9. Nul ne sera admis et reconnu comme propriétaire d'un journal ou écrit périodique, s'il ne réunit les qualités exigées par l'art. 980 du Code civil. En cas de contestation sur le rejet de la déclaration, il sera statué par les tribunaux compétens, et néanmoins la décision du directeur de la librairie ou des préfets recevra provisoirement son exécution.

10. La déclaration des journaux actuellement existans sera faite ou renouvelée en la forme prescrite par l'art. 8, dans les trente jours qui suivront la promulgation de la présente loi, le tout sous les peines portées par l'art. 8 de la loi du 9 juin 1819.

11. Le nom des propriétaires de journaux ou écrits périodiques sera imprimé en tête de chaque exemplaire, à peine, contre l'imprimeur, d'une amende de 500 fr.

12. Aucun journal ou écrit périodique quelconque ne pourra paraître si les propriétaires n'ont fourni préalablement le cautionnement fixé par la loi du 9 juin 1819.

Sont seuls exceptés de cette disposition les écrits périodiques consacrés aux sciences, aux arts ou aux lettres, qui ne paraîtraient que deux fois par mois, ou à des termes plus éloignés.

13. Les dispositions de l'article 1er. de la loi du 15 janvier (25 nivôse an 13) et de l'article 25 de la loi du 25 février suivant (5 ventôse an 13), relatives aux

privilèges du second ordre, institué au profit des prêteurs de fonds employés aux cautionnemens des comptables, ne sont pas applicables aux cautionnemens fournis par les propriétaires de journaux et écrits périodiques.

14. Les droits de timbre actuellement établis sur les journaux et écrits périodiques seront remplacés par un droit unique de dix centimes pour chaque feuille de trente décimètres carrés de superficie ou de dimension inférieure. Le même droit sera perçu pour les demi-feuilles ou autres fractions de feuilles. Il sera augmenté d'un centime pour chaque décimètre carré au-dessus de trente décimètres.

15. Nulle société relative à la propriété des journaux ou écrits périodiques ne pourra être contractée qu'en nom collectif, et suivant les formes établies pour ces sortes de sociétés par le Code de commerce. Les associés ne pourront excéder le nombre de cinq.

16. Tous actes, toutes conventions et dispositions relatifs à la propriété d'un journal ou écrit périodique, qui seraient faits par l'auteur ou par les auteurs de la déclaration, seront valables, nonobstant toutes contre-lettres et stipulations contraires. Ces contre-lettres seront nulles et sans effet envers toutes personnes, même entre les parties contractantes.

17. Seront nuls et sans effet tous actes, conventions et dispositions relatives à la propriété d'un journal ou écrit périodique, qui seraient consentis par des personnes autres que celles qui auront fait la déclaration.

18. Toute poursuite pour délit ou crimes commis

par la publication d'un journal ou écrit périodique quelconque, sera dirigée contre les propriétaires de cet écrit périodique ou journal.

TITRE II.

DES PEINES.

19. Dans les cas de provocation prévus par la loi du 17 mai 1819, l'amende sera , savoir :

Dans les cas prévus par l'article 2, de 2,000 fr. à 20,000 fr. , et dans les cas prévus par l'article 3, de 500 fr. à 10,000 fr.

Dans les cas d'outrages prévus par l'article 1er. de la loi du 25 mars 1822, et par le paragraphe 3 de l'article 5 de la même loi, l'amende sera de 5,000 fr. à 28,000 fr.

Dans les cas d'offense prévus par la loi du 17 mai 1819, l'amende sera, savoir : dans le cas prévu par l'article 9, de 5,000 fr. à 20,000 fr. , et dans les cas prévus par les articles 10, 11 et 12, de 5,000 fr. à 15,000 fr.

Dans les cas de diffamation prévus par les articles 15, 16, 17 et 18 de la loi du 17 mai 1819 , et par l'article 15 de la loi du 25 mars 1822, l'amende sera de 1,000 à 20,000 fr.

20. Sera punie d'une amende de 500 fr. toute publication sur les actes de la vie privée de tout Français vivant , et de tout étranger résidant en France. Cette disposition cessera néanmoins d'avoir son effet lorsque la personne intéressée aura, avant le jugement, autorisé ou approuvé la publication.

21. Tout délit de diffamation commis envers les particuliers pourra être poursuivi d'office, lors même que le particulier diffamé n'aurait pas porté plainte.

22. Tout imprimeur d'écrit publié et condamné sera, dans tous les cas, responsable civilement et de plein droit des amendes, des dommages-intérêts et des frais portés par les jugemens de condamnation.

23. Les dispositions des lois antérieures qui ne sont pas contraires à la présente loi continueront d'être exécutées.

CHAPITRE II.

ÉCRITS NON PERIODIQUES.

PREMIER ARTICLE DU PROJET.

AFIN de discuter d'une manière plus claire et plus précise l'ensemble et les détails du projet, il faut reproduire les diverses dispositions dont il se compose. L'article 1er. est conçu en ces termes:

« Nul écrit de vingt feuilles et au-dessous ne » pourra être mis en vente, publié ou distribué, » de quelque manière que ce soit, pendant les cinq » jours qui suivront le dépôt prescrit par l'article 14

» de la loi du 21 octobre 1814, et par l'article 29
» de la loi du 26 mai 1819 [1].

» Le délai sera de dix jours, pour les écrits de
» plus de vingt feuilles.

» En cas de contravention, l'imprimeur sera puni
» d'une amende de 3,000 francs ; l'édition sera en
» outre supprimée et détruite.

---

[1] Nul imprimeur ne pourra imprimer un écrit, avant d'avoir déclaré qu'il se propose de l'imprimer, ni le mettre en vente ou le publier de quelque manière que ce soit, avant d'avoir déposé le nombre prescrit d'exemplaires, savoir : à Paris, au secrétariat de la direction générale, et dans les départemens, au secrétariat de la préfecture. (Article 14 de la loi du 21 octobre 1814.)

— L'action publique contre les crimes et délits commis par la voie de la presse, ou tout autre moyen de publication, se prescrira par six mois révolus, à compter du fait de publication qui donnera lieu à la poursuite.

Pour faire courir cette prescription de six mois, la publication d'un écrit devra être précédée du dépôt et de la déclaration que l'éditeur entend le publier.

S'il a été fait, dans cet intervalle, un acte de poursuite ou d'instruction, l'action publique ne se prescrira qu'après un an, à compter du dernier acte, à l'égard même des personnes qui ne seraient pas impliquées dans ces actes d'instruction ou de poursuite.

Néanmoins, dans le cas d'offense envers les chambres, le délai ne courra pas dans l'intervalle de leurs sessions

L'action civile ne se prescrira, dans tous les cas, que par la révolution de trois années, à compter du fait de la publication. (Article 29 de la loi du 26 mai 1819.)

» La feuille d'impression se composera , pour
» chaque format , du nombre de pages admis dans
» le commerce de la librairie.

» Ne seront comptées , pour la formation des
» feuilles d'impression , que les pages dont la com-
» position , la justification et les caractères seront
» conformes aux règles et procédés ordinaires de
». Imprimerie. [1] »

Après avoir entendu le premier paragraphe de
cet article, M. Benjamin Constant s'est écrié : « C'est
» évidemment le rétablissement de la censure. » Si
l'honorable député eût attendu la fin de ce même
article , il ne se serait pas borné à cette exclamation ;
la sagacité de son esprit lui aurait fait comprendre
qu'il n'est pas seulement question du rétablissement
de la censure , qu'il s'agit évidemment de l'impossibilité absolue où l'on veut mettre les écrivains et
les libraires de faire imprimer , de publier un ouvrage en deux volumes in-8°. , par exemple. Au
premier abord , cette conséquence sera taxée d'exa-

---

[1] Où donc se trouvent expliqués et fixés d'une manière positive
les *règles,* les *procédés* ordinaires de l'imprimerie ? Nulle part.
On fait des éditions compactes et des éditions contraires ;
tel imprimeur fait entrer dans un volume ce qui fournit à tel
autre la matière de vingt volumes. Une loi ne doit-elle pas
s'expliquer catégoriquement ? Ce vague , cette incertitude
sont laissés ici pour donner toute latitude aux interprétations
administratives , et pour substituer l'administration à la législation.

gération, d'extravagance ; qu'on attende un peu et qu'on juge.

Supposons qu'un libraire veuille faire imprimer un ouvrage nouveau en deux volumes , il le porte chez son imprimeur ; mais comme le dépôt pendant dix jours , c'est-à-dire l'examen , doit précéder la publication , on ne trouvera nul auteur, nul libraire , nul imprimeur qui veuille , qui puisse s'exposer aux chances de l'impression avant de connaître le résultat de l'examen anticipé auquel l'ouvrage doit être soumis. En quoi consistera cet examen ? par qui sera-t-il fait ? Il se trouvera confié à une commission occulte , à un tribunal secret, invisible , introuvable, renouvelé du saint-office , et formé des suppots de la police jésuitique , comme la dernière commission de censure. Ce tribunal mystérieux parcourra le livre soumis à ses épurations. Dans ce livre, comme le dit Beaumarchais, il sera parlé ou de l'autorité , ou du culte, ou de la politique , ou de la morale , ou des gens en place, ou des corps en crédit , ou de l'Opéra, ou des autres spectacles , ou de personnes enfin qui tiennent à quelque chose : or, est-il possible , dans l'état actuel de la société , d'écrire une page sur quelques-unes de ces matières , sur les lettres , sur les sciences, sur les arts, sur les affaires publiques, sur la religion sans blesser quelques personnages en crédit? Ces personnages seront précisément ceux-là mêmes en faveur desquels la commission exercera son ministère préventif; elle trouvera toujours quelque chose à réprendre, à blâmer; et, se donnant un air paternel, jouant le rôle d'officieux et bienveillant censeur, elle fera conseiller à l'imprimeur, à l'auteur d'adoucir telle expression, de modifier tel passage, de supprimer telle phrase : sans cela, ajoutera le censeur insidieux, on ne saurait garantir ni la saisie, ni les poursuites, ni les condamnations dont l'ouvrage pourrait être l'objet. Après de telles insinuations, quel est l'auteur, le libraire, l'imprimeur qui oseraient se résoudre à courir les dangers de la publication ? Leurs torts deviendraient d'autant plus grands, d'autant plus irrémissibles, qu'ils se trouveraient aggravés par le crime impardonnable de ne pas s'en être rapportés aux bienveillantes attentions de l'autorité, qui répéterait sans cesse : C'est votre faute, on vous avait prévenus.

Ajoutons que ces avis charitables, ces conseils désintéressés ne manqueraient jamais d'être donnés; on en serait prodigue; les agens subalternes du pouvoir sont si obligeans, si prévenans !

De deux choses l'une : ou leurs avis paternels seront écoutés, ou ils ne le seront pas. Si on les écoute, il faudra dénaturer son ouvrage, mutiler sa pensée; il faudra que l'écrivain, par l'effet d'une combinaison que n'auraient pu imaginer Escobar et Machiavel réunis, se résolve au suicide; il faudra qu'il devienne lui-même son censeur implacable, son ennemi, son bourreau. Dans le cas contraire, si l'auteur, dont les intérêts seront communs avec ceux de son libraire, ne se résigne point aux conseils des examinateurs à robes courtes ou robes longues, son œuvre sera saisie, étouffée au berceau ; on la tuera avant qu'elle ait vu le jour.

Répondra-t-on que l'auteur, confiant dans la haute équité des magistrats, n'écoutera pas les avis des examinateurs de la police, et se résignera à la saisie, pour attendre de la justice réparation des iniquités de la police ? Alors il faudra qu'il détermine l'imprimeur à partager les dangers auxquels il s'exposera, et l'on peut affirmer que celui-ci n'y consentira jamais. L'art 22 du projet, qui se reproduira plus tard, le rend civilement responsable des amendes encourues par la publication du livre par lui imprimé ; on pourra, il est vrai, lui offrir des garanties pour les risques qu'il aura à courir sous ce rapport ; mais il y a dans cet article 22 une arrière-pensée qui expose l'imprimeur à des périls contre lesquels il serait impossible de le prémunir : un imprimeur condamné par un tribunal se verra retirer son brevet par le seul fait de cette condamnation, c'est-à-dire qu'il perdra son état, son existence et celle de sa famille. N'est-il pas évident qu'à aucun prix il ne voudra, il ne pourra, avant l'autorisation tacite de la police, qui néanmoins ne le mettra point à l'abri des poursuites judiciaires, livrer à l'auteur ou au libraire l'ouvrage imprimé. Ainsi se trouve clairement démontrée l'impossibilité de la publication.

Proposerait-on une autre marche qui semble s'offrir naturellement? Fera-t-on *composer* le livre, sans le *tirer*, afin d'attendre pour le mettre sous presse le résultat de l'examen préalable fait sur des *épreuves* ? En ce cas, il faudra que l'imprimeur conserve intactes toutes les *formes* de l'ouvrage. Eh bien ! il n'existe pas à Paris, où il s'en trouve de magnifiques, une seule imprimerie assez vaste, assez bien fournie de caractères pour pouvoir garder, pendant huit jours seulement, les *formes* de deux volumes in-8°. Ceci est un fait qui paraîtra étrange à ceux qui ne sont jamais entrés dans les ateliers d'un imprimeur; ce n'en est pas moins une réalité qu'un simple *apprenti* n'ignore point.

De toutes parts donc on rencontre, pour la publication d'un ouvrage, des obstacles insurmontables ; et les raisonnemens qui le démontrent d'une manière évidente pour les livres nouveaux, s'appliquent rigoureusement aussi aux ouvrages anciens, attendu que le projet n'établit aucune différence entre eux, et qu'il soumet également les uns et les autres à l'examen préalable des inquisiteurs de la pensée. La loi n'admet nulle distinction ; elle livre à la torture à la fois les vivans et les morts.

De tout cela il faut tirer cette conclusion, que les rédacteurs du projet n'entendent rien à la matière, ou bien qu'ils ont voulu souverainement interdire la presse ; en ce cas, il aurait été beaucoup plus simple de réduire la loi à un article unique conçu en ces termes : « L'imprimerie est abolie en France! » L'article premier ne veut pas dire autre chose.

CHAPITRE III.

DEUXIÈME ARTICLE DU PROJET.

« Les dispositions de l'article premier ne s'ap-
» pliquent point aux discours des membres des deux
» chambres ; aux publications prescrites par l'auto-
» rité publique ; aux mandemens et lettres pastora-
» les ; aux mémoires sur procès, signés par un
» avocat inscrit au tableau, et publiés pendant le
» cours de l'instance ; aux mémoires des sociétés
» littéraires établies avec l'autorisation du roi ; aux
» journaux et écrits périodiques qui paraissent plus
» de deux fois par mois, et qui sont tenus en con-
» séquence de fournir un cautionnement ; aux écrits
» sur les projets de loi présentés aux chambres, lors-
» que ces écrits seront publiés pendant que la dis-
» cussion sera ouverte dans chacune d'elles ; aux
» avis et affiches dont la publication aurait été per-
» mise par l'autorité municipale. »

Ce serait donc pour ces seules exceptions qu'il
faudrait que les imprimeurs conservassent leurs caractères, leurs presses, leurs ouvriers. Il n'y a pas

là assez d'ouvrage pour occuper dans l'année, pendant un seul jour, les seuls ateliers de Paris.

Il est heureux qu'on veuille bien permettre aux pairs et aux députés de faire imprimer leurs discours; néanmoins, s'ils voulaient parler ailleurs qu'à la tribune, la parole imprimée leur serait interdite comme à tous les Français.

Quant à l'autorité, elle pourra dire ce qu'elle voudra, sans que personne ait la faculté de la contredire : c'est aujourd'hui le seul moyen qui lui reste d'avoir raison.

Les mandemens et les lettres pastorales conserveront toute licence de se répandre et de se propager. On aurait pu se dispenser de les mentionner au nombre des publications permises et privilégiées ; certains évêques savent fort bien se passer d'autorisations légales et se mettre au-dessus de la loi et de la justice. Quelques mois après la censure prononcée par le conseil d'état contre une lettre pastorale de M. l'archevêque de Toulouse, ce prélat n'a-t-il pas été l'objet, par forme de compensation ou d'excuse, d'une éclatante faveur ministérielle ? M. l'évêque de Nancy n'a-t-il pas fait reproduire en chaire les passages d'un mandement qui avaient été condamnés par une cour royale ?

La disposition relative aux mandemens et lettres pastorales est donc tout-à-fait superflue. Ce n'est qu'un luxe de servilité.

Pour que les mémoires sur procès puissent paraître, il faudra qu'ils soient faits *pendant le cours de l'instance* et non avant; ils pourraient peut-être, s'ils précédaient l'action judiciaire, déterminer les parties à ne pas plaider! Veut-on savoir le véritable motif de cette disposition, le voici : Tous les avocats se sont empressés de répondre à l'appel qui leur avait été fait par M. le comte de Montlosier, dans son fameux *Mémoire à consulter;* ils ont publié aussi des mémoires, ces mémoires n'étaient pas *sur procès*, puisqu'il n'y avait pas de procès; à plus forte raison n'ont-ils pas vu le jour *pendant le cours d'une instance*, puisqu'il n'existait point d'instance. Il ne faut point que pareille chose se renouvelle : Mont-Rouge ne le veut plus souffrir.

Et remarquez que les mémoires judiciaires, pour être publiés, devront être signés par des avocats *inscrits au tableau;* on veut ainsi priver de leur dernière ressource les avocats non inscrits. Ils ont encouru la disgrâce ministérielle, ils sont victimes de quelque haine particulière, de quelque passion honteuse; il faut qu'ils meurent de faim.

Du moins les arts et les sciences n'auront pas à souffrir des dispositions de la loi, puisque les mémoires des sociétés littéraires et savantes auront part aux faveurs de l'exception. Oui, sans doute; mais il faudra pour cela que ces sociétés soient autorisées par le gouvernement, ce qui veut dire, en d'autres termes, que cette autorisation leur serait retirée, desquelles s'aviseraient d'avoir d'autres vues, d'autres

pensées que celles du ministère; et l'on sait avec quelle
ardeur le ministère protége les sciences et la littérature ! Ne se souvient-on point qu'il a donné
l'ordre de prouver que le zodiaque de Denderah ne
comptait tout au plus que quatre mille ans d'existence? Il est surprenant que le savant M. Cuvier
soit toujours en faveur, lui qui a matériellement démontré que plus de quatre cents siècles étaient en-
tassés à Montmartre.

Quant aux journaux, leur tour arrivera au hui-
tième article; disons, en attendant, qu'ils deviendraient la seule ressource d'un citoyen, d'un com-
merçant dont la réputation, le crédit se trouveraient
compromis par de faux bruits ; que cette ressource serait d'autant plus illusoire, que les colonnes
des journaux ne peuvent être à la disposition de
tout le monde, et que ceux qui les font seront soumis par la loi nouvelle aux plus dangereuses respon-
sabilités.

Le ministère veut bien permettre que les projets
de loi qu'il portera aux Chambres soient exposés
à la critique des écrivains, pourvu toutefois que
l'on s'en occupe seulement pendant qu'ils seront
discutés par les pairs ou les députés. Au moyen de
cette restriction, pour examiner la nouvelle législation
dont la presse est menacée, il faudrait attendre l'ouverture des débats parlementaires ; les lumières du dehors n'arriveraient conséquemment que
lorsqu'il ne serait plus temps d'en profiter. Ne con-

naît-on pas d'ailleurs la tolérance ministérielle à l'égard des discussions qui s'établissent par anticipation sur les projets de loi soumis à la sanction législative ? Le jour même où un journal s'est avisé de censurer le projet actuel avec une énergie qui a blessé les hommes du pouvoir, ce journal a été saisi et déféré aux tribunaux.

Lorsque l'autorité municipale voudra bien y consentir, il sera permis aux citoyens de faire placarder sur les murs de Paris des affiches ou des avis qui les intéressent. Déjà M. le préfet de police a usurpé le droit d'opposer son *véto* absolu à l'affiche des annonces particulières qui ne lui conviennent point ; maintenant on veut légaliser cette usurpation, et pour obtenir l'autorisation de placarder sur les murs de sa maison qu'un appartement est à louer, il faudra exhiber à la préfecture un billet de confession.

N'oublions pas que parmi les exceptions autorisées ne se trouvent point les pétitions adressées aux Chambres. Le droit de pétition est consacré par la charte ; comment l'aurait-on respecté ? Le ministère veut étouffer jusques aux cris de ses victimes.

CHAPITRE IV.

TROISIÈME ARTICLE DU PROJET.

« Sera puni des peines portées par les articles 15
» et 16 de la loi du 21 octobre 1814, tout impri-
» meur qui imprimerait un plus grand nombre de
» feuilles que le nombre énoncé dans la déclaration
» qu'il aura faite en exécution de l'article 14 de la
» même loi. Les feuilles qui excéderaient ce nombre
» seront supprimées et détruites. [1] »

Cela veut dire que si, au lieu de deux mille feuilles
déclarées, les ouvriers se trompent et en tirent une
de plus, l'imprimeur aura commis un crime qui

---

[1] Il y a lieu à la saisie et séquestre d'un ouvrage :

1°. Si l'imprimeur ne représente pas les récépissés de la déclaration et du dépôt ordonnés en l'article précédent (*Voyez*
l'article 14 en note du chapitre 2) ;

2°. Si chaque exemplaire ne porte pas le vrai nom et la
vraie demeure de l'imprimeur ;

3°. Si l'ouvrage est déféré aux tribunaux pour son conten-
tenu. (Article 15 de la loi du 21 octobre 1814.)

— Le défaut de déclaration avant l'impression, et le défaut
de dépôt avant la publication, constatés comme il est dit à
l'article précédent, seront punis chacun d'une amende de
mille francs pour la première fois, et de deux mille francs
pour la seconde. (Article 16 de la même loi.)

entraînera sa ruine complète : après lui avoir imposé des amendes considérables, on le *destituera* de son état. Avec de tels risques à courir, trouvera-t-on un seul homme, honnête et prudent, qui puisse vouloir embrasser la profession d'imprimeur ?

CHAPITRE V.

QUATRIÈME ARTICLE DU PROJET.

« Tout déplacement ou transport d'une partie quel-
» conque de l'édition hors des ateliers de l'impri-
» meur, et avant l'expiration du délai fixé par l'ar-
» ticle 1er., sera considéré comme tentative de
» publication.

» La tentative du délit de publication sera pour-
» suivie et punie, dans ce cas, de la même manière
» que le délit. »

Dans le cas où, par impossibilité, l'article 1er. laisserait quelque issue à la circulation de la pensée, l'article 4 y mettrait des obstacles matériels insurmontables. Puisque le déplacement des feuilles tirées est interdit avant l'examen, c'est-à-dire avant l'autorisation de publier un livre, il faudra que l'imprimeur conserve chez lui, après les *formes* qu'il n'aura pu garder, l'édition tout entière ; il faudra que ses ateliers soient assez vastes pour réunir, indépendamment des *séchoirs*, les *assembleurs* et les *brocheuses*. Trois mille exemplaires d'un ouvrage en vingt volumes in-8°., de trente feuilles chacun, forment un total de dix-huit cent mille feuilles séparées, qu'on serait obligé en même temps, et dans un même local, de livrer aux *assembleurs* et aux *brocheuses*. La place du Carrousel y suffirait à peine.

CHAPITRE VI.

CINQUIÈME ARTICLE DU PROJET.

« Tout écrit de cinq feuilles et au-dessous sera
» assujetti au timbre fixe. Le timbre sera d'un
» franc pour la première feuille de chaque exem-
» plaire, et de dix centimes pour les autres feuilles.
» Le droit sera dû pour les fractions de feuilles
» comme pour les feuilles entières. En cas de con-
» travention, les imprimeurs, éditeurs et distribu-
» teurs seront punis d'une amende de 3,000 francs.
» L'édition sera en outre supprimée et détruite.
» Sont exceptés de cette disposition : les discours
» des membres des deux chambres, les publications
» prescrites par l'autorité publique, les mandemens
» et lettres pastorales, les cathéchismes et livres de
» prières, les livres élémenaires employés dans les

» maisons d'éducation, les mémoires des sociétés
» littéraires et savantes autorisées par le roi, les
» journaux et affiches qui sont déjà soumis par les
» lois existantes au timbre fixe. »

C'est ici surtout que se rencontrent de nouveaux
obstacles à toute publication. Pour faire imprimer à
mille exemplaires le programme d'un ballet en un
acte, déjà soumis à la censure dramatique, il faudra
payer par avance au fisc un droit de 1100 francs,
non compris le dixième en sus, qu'on ne manque-
rait pas d'exiger, bien que le projet parle de *timbre
fixe*. Le calcul est bien simple. Une pièce en un acte
emploie au moins trente pages d'impression, et par-
conséquent près de deux feuilles; la première de ces
feuilles coûtera pour chaque exemplaire un franc,
la seconde dix centimes; ce qui, pour mille exemplaires, représente bien la somme de 1100 francs.

Et ce calcul simple et clair s'applique à toute
espèce de brochures, d'écrits ou de mémoires au-
dessous de cinq feuilles. A ce prix, qui voudra,
qui pourra se faire imprimer ?

Voici qui est bien plus fort, et qui passe toute
croyance. Cet article fiscal frappe également du
droit exorbitant d'un franc par exemplaire les
fractions de feuille. Ainsi le banquier qui voudra
imprimer des circulaires, le marchand qui voudra
répandre les prix courans de ses marchandises,
l'ouvrier qui voudra faire savoir qu'il a changé de

domicile, tous devront payer un franc pour chacun des exemplaires de ces milliers d'innocens écrits qu'on distribue *gratis* à tous venans dans les rues de Paris. Les bulletins de la Bourse, les cartes de visites elles-mêmes n'en seront pas exempts. Tout cela est si ridicule, si niais, qu'il serait superflu de s'y arrêter plus long-temps. Ne suffit-il pas de le signaler pour en faire justice ?

Quant aux exceptions, il en a déjà été parlé dans la discussion du deuxième article ; seulement on n'affranchit point du timbre comme de l'examen préalable, deux genres particuliers de publications : ce sont les discussions des projets de loi pendant la délibération aux chambres, et les mémoires des avocats. Si l'on veut courir le risque de n'arriver qu'après l'adoption ou le rejet, quelques milliers de francs suffiront pour exprimer librement sa pensée sur un projet ministériel, et il n'en coûtera pas davantage au malheureux pour défendre la chaumière qu'il habite et le champ qui le nourrit. Peut-on pousser plus loin la haine et la colère contre toute espèce de publicité ? Que n'a-t-on dit tout simplement : « Désormais est interdite la défense des droits du pauvre. »

CHAPITRE VII.

« Les peines portées par les articles 1 et 5 de la
» présente loi sont indépendantes de celles que les
» auteurs de la publication auront encourues pour
» les autres crimes ou délits qui auront été commis
» par cette publication. (Art. 6.)

« Les dispositions du présent titre sont indis-
» tinctement applicables à tous les écrits imprimés,
» quels que soient le mode et les procédés de leur
» impression. » (Article 7 et dernier du chapitre
premier, relatif à la publication des écrits non périodiques.)

En vertu de l'article 6, on trouvera dans l'arse-
nal de nos lois toutes les peines qu'on voudra faire
encourir aux auteurs d'une publication quelconque ;
il y en a de toutes les couleurs, de tous les degrés ;
et tel livre qu'on aura pu craindre de voir accuser
d'un simple délit renfermera, s'il plaît à l'accusa-
tion, le texte de toutes les incriminations. La loi
existe encore qui punit de mort le cri de *vive le roi!*

Qu'on n'espère échapper par aucune voie à ces
machinations inquisitoriales. Les cartes de géogra-
phie elles-mêmes, car ce sont aussi des écrits *impri-*

més par un mode et des procédés particuliers; peuvent être coupables. Avec ces deux articles ; on pourrait aujourd'hui menacer des travaux forcés un géographe qui conserverait sur une carte de France les trois villages situés aux confins du département de la Moselle, et dont les Prussiens viennent de s'emparer à main armée, après en avoir maltraité et chassé les habitans.

CHAPITRE VIII.

ÉCRITS PÉRIODIQUES.

HUITIÈME, NEUVIÈME, DIXIÈME, ONZIÈME ET DOUZIÈME ARTICLES DU PROJET.

« Aucun journal ou écrit périodique quelconque ne » pourra être publié, s'il n'a été fait préalablement » une déclaration indiquant le nom des propriétaires, » leur demeure et l'imprimerie autorisée dans la- » quelle le journal ou écrit périodique devra être » imprimé. Cette déclaration sera faite par les pro- » priétaires du journal, et non autrement. Elle sera » reçue à Paris, à la direction de la librairie, et » dans les départemens au secrétariat général de la » préfecture. Si la déclaration est reconnue fausse » par les tribunaux, le journal ou écrit périodique » cessera de paraître. » (Art. 8.)

— « Nul ne sera admis et reconnu comme pro-
» priétaire d'un journal ou écrit périodique, s'il ne
» réunit les qualités exigées par l'article 980 du Code
» civil [1]. En cas de contestation sur le rejet de la
» déclaration, il sera statué par les tribunaux com-
» pétens, et néanmoins la décision du directeur de
» la librairie ou des préfets recevra provisoirement
» son exécution. » (Art. 9.)

— « La déclaration des journaux actuellement
» existans sera faite ou renouvelée en la forme pres-
» crite par l'article 8, dans les trente jours qui sui-
» vront la promulgation de la présente loi ; le tout
» sous les peines portées par l'article 8 de la loi
» du 9 juin 1819 [2]. » (Art. 10.)

— « Le nom des propriétaires des journaux ou
» écrits périodiques sera imprimé en tête de chaque
» exemplaire, à peine, contre l'imprimeur, d'une
» amende de 500 fr. » (Art. 11.)

---

[1] Les témoins appelés pour être présens aux testamens devront être mâles, majeurs, sujets du roi, jouissant des droits
civils. (Article 980 de Code civil.)

[2] Cet article 8 est conçu en ces termes :

« Tout journal sera tenu d'insérer les publications offi-
cielles qui lui seront adressées à cet effet, par le gouvernement, le lendemain du jour de l'envoi de ces pièces, sous la
seule condition du paiement des frais d'insertion. »

On ne voit pas quel rapport existe entre cet article de
l'ancienne loi, et l'article 10 du projet qui renvoie à des dispositions pénales.

« Aucun journal ou écrit périodique quelconque
» né pourra paraître si les propriétaires n'ont fourni
» préalablement le cautionnement fixé par la loi
» du 9 juin 1819 [1].

Sont seuls exceptés de cette disposition les écrits
» périodiques consacrés aux sciences, aux arts ou
» aux lettres, qui ne paraîtraient que deux fois par
» mois ou à des termes plus éloignés. » (Art. 12.)

Ces dispositions offrent une telle complication,
une telle ambiguïté, que les seuls rédacteurs du projet
peuvent les comprendre ; sans les explications qu'il
leur plaira de donner, il n'est guères possible d'y
apercevoir autre chose que des *restrictions mentales.*

---

[1] La loi du 9 juin 1819 fixe les cautionnemens des journaux quotidiens de la manière suivante :

Pour les journaux publiés dans les départemens de la
Seine, de Seine-et-Oise et de Seine-et-Marne, dix mille
francs de rente.

Pour les journaux publiés dans les autres départemens,
deux mille cinq cents francs de rente, dans les villes de cinquante mille âmes et au-dessus ; de quinze cents francs de
rente dans les villes au-dessous.

Le cautionnement est de moitié pour les journaux non
quotidiens.

Les titres des rentes, qui doivent être déposés au trésor,
peuvent être remplacés par un cautionnement en espèces,
en versant à la caisse des consignations le capital de la rente
atteint par le présent, et calculé sur le cours
de la rétroactivité...

L'article 8 maintient-il les priviléges créés par l'article 1er de la loi du 17 mars 1822, ou bien les journaux pourront-ils désormais paraître sans l'autorisation du gouvernement, en se conformant d'ailleurs aux obligations qui leur sont ou leur seront prescrites? Cela paraît naturel, évident; mais il y a tant d'obscurité dans cet article 8, que les commentateurs de l'administration pourraient bien vouloir l'expiquer autrement.

L'article 9 offre des incertitudes et des inconvéniens beaucoup plus graves encore. S'il a un effet rétroactif, comme il le laisse soupçonner, par l'application exigée de l'article 980 du Code civil, il déshérite à l'instant, des propriétés qui peuvent leur appartenir dans les journaux, les mineurs et les femmes. Le jour de la promulgation de la loi, ainsi que la remarque en a été faite, le *Moniteur*, dont madame veuve Agasse a hérité après la mort de son mari, qui l'a créé, ne lui appartiendra plus, et même elle n'aura droit à aucun dédommagement pour la perte de cette propriété considérable. Au profit de qui sera-t-elle confisquée? La loi ne le dit point. Si l'on doit s'en rapporter à l'esprit qui l'a inspirée et qui y domine, il faut en conclure que le *Moniteur* sera *détruit*, car évidemment le projet a pour but la destruction.

Au cas, peu probable, ou le passé ne serait pas atteint par le présent, et où le monstrueux principe de la rétroactivité ne serait point invoqué, les femmes et des mineurs ne pourront plus désormais posséder de journaux en leur nom; or, comme les articles 16 et 17 n'admettent, pour ces sortes de propriétés, ni prête-noms, ni fondé de pouvoirs, ni contre-lettres, ni actes quelconques, il est bien démontré qu'au moins faudra-t-il que les femmes propriétaires de journaux, ainsi que les mineurs, vendent à tout prix leur portion de propriété. Mais pour vendre une chose, il faut l'avoir en sa possession, et la loi ne permet ni aux mineurs ni aux femmes de posséder des journaux, même pour une heure. Les uns et les autres sont donc dépouillés, et à jamais déshérités.

Par une combinaison antilégale et contre nature, si avant d'avoir atteint sa vingt-unième année, un fils a le malheur de perdre l'auteur de ses jours, il n'aura aucun droit à l'héritage paternel; sa succession légitime sera spoliée : qui profitera de cette spoliation ? C'est encore ce que la loi n'a pas fait connaître.

Et que dire de cette dernière phrase de l'article 9, qui, en attendant que les tribunaux aient prononcé entre les propriétaires de journaux, sur la validité de la déclaration, et le directeur de la librairie qui doit recevoir cette déclaration, donne à ce dernier le droit de décider provisoirement, mais souverainement, entre lui-même d'une part, et ceux que, d'autre part, la loi constitue ses adverses parties?

Voilà, d'un trait de plume, la création d'un nouveau tribunal, dont le juge amovible a le devoir d'obéir aux ordres, aux caprices de l'autorité supérieure, et que l'on constitue l'arbitre suprême des droits, des intérêts de ceux qui plaident contre lui. Jamais outrage plus révoltant fut-il fait à la justice?

Le recours aux tribunaux ne deviendra-t-il pas complétement illusoire? Avant d'avoir épuisé tous les degrés réguliers de juridiction, deux mois au moins s'écouleront. Pour un journal, deux mois de suspension, c'est la mort. Il n'obtiendra justice, sans espoir d'aucune compensation, que lorsque, par le fait, il aura cessé d'exister. Les derniers mots de l'article 9 sont plus que suffisans à eux seuls pour tuer à volonté tous les journaux et les écrits périodiques.

A quoi bon le nom des propriétaires imprimé en tête de chacun des exemplaires du journal? On le dira sans doute. En matière de législation surtout, ce qui est inutile est nuisible, et peut devenir **fatal.**

L'article 2 renouvelle des dispositions déjà reproduites, et en vérité quelque insignifiant qu'il soit, on doit s'en défier aussi : il n'est pas une phrase qui ne soit dangereuse et perfide dans une loi que personne ne comprend?

CHAPITRE IX.

TREIZIÈME ARTICLE DU PROJET.

« Les dispositions de l'article 1er. de la loi du 15
» janvier 1805 (25 nivôse an XIII) [1], et de l'ar-
» ticle 2 de la loi du 25 février suivant (6 ventôse
» an XIII)[2], relativement aux priviléges du second
» ordre, institués au profit des prêteurs de fonds
» employés aux cautionnemens des comptables, ne
» sont pas applicables aux cautionnemens fournis

---

[1] Art. 1er. Les cautionnemens fournis par les agens de
change, les courtiers de commerce, les avoués, greffiers,
huissiers, et les commissaires priseurs, sont. comme ceux des
notaires (art. 23 de la loi du 25 ventôse an XI), affectés,
par *premier* privilége, à la garantie des condamnations qui
pourraient être prononcées contre eux par suite de l'exercice
de leurs fonctions.

Par *second* privilége, au remboursement des fonds qui
leur auraient été prêtés sur tout ou partie de leur cautionnement, et subsidiairement au paiement, dans l'ordre
ordinaire, des créances particulières qui seraient exigibles
sur eux. (*Bulletin des lois*. IVe. série, n°. 580.)

[2] Art. 2. Les prêteurs des sommes employées auxdits
cautionnemens jouiront du privilége de second ordre institué par l'art. 1er. de la loi du 25 nivôse dernier, en se conformant aux art. 2 et 4 de la loi. (*Bull. des lois*, IVe. série,
n°. 468).

» par les propriétaires de journaux et écrits pério-
» diques. »

Cet article n'est qu'un prélude aux dispositions
fiscales qui vont arriver, afin d'entasser obstacles sur
obstacles à la publication des journaux et écrits périodiques. Les cautionnemens de tous les comptables
peuvent être fournis par des tiers ; la loi donne à ceux-ci
de sûres garanties ; les mêmes facilités sont refusées
aux propriétaires de journaux. Pour les empêcher
de paraître, le fisc réunit son opposition aux oppo-
sitions sans nombre accumulées dans la loi ; il ne
lui suffit point d'un nantissement en argent, qu'il
tient entre ses mains , sur lequel il possède un
privilége spécial ; il veut encore que cet argent
soit fourni, de leurs propres deniers, par les propriétaires de journaux , auxquels, d'un autre côté
par les articles 16 et 17), on ravit toute faculté de
faire des emprunts. Le fisc ne tirera nul avantage
de cette gêne nouvelle qu'il impose, sans aucune
espèce de nécessité; il y perdra, au contraire, des
droits de timbre, qui sont énormes : n'importe;
c'est encore une entrave de plus, il faut la créer.

Les receveurs généraux qui tiennent entre leurs
mains les revenus de l'état, les notaires qui disposent
de la fortune des particuliers, peuvent faire fournir leurs cautionnemens par des tiers; les propriétaires de journaux, qui ne disposent pas d'un sou
appartenant à l'état ou aux citoyens, sont privés de
la même faculté. Quelle bizarre anomalie ! Le gou-

vernement qui vit de crédit, qui emprunte tous les
jours, ne veut pas qu'on prête aux journaux, même
alors que le prêteur conserverait, par devers lui, des
garanties à l'abri de toute atteinte. Priver de crédit
une classe nombreuse, industrielle de la société, c'est
lui interdire le travail et l'industrie. Qu'on ôte à
l'état son crédit, il sera perdu.

CHAPITRE X.

QUATORZIÈME ARTICLE DU PROJET.

« Les droits de timbre actuellement établis sur
» les journaux et écrits périodiques, seront rem-
» placés par un droit unique de dix centimes pour
» chaque feuille de trente décimètres carrés de
» superficie, ou de dimension inférieure. Le même
» droit sera perçu pour les demi-feuilles ou autres
» fractions de feuille. Il sera augmenté d'un centime
» pour chaque décimètre carré au-dessus de trente
» décimètres. »

On ne veut pas absolument que les Français lisent
les journaux, dans le cas où il serait encore possible
d'en publier ; quant aux brochures, ils n'en liront
pas non plus, puisque leur publication est interdite
de fait : il en est ainsi pour les livres. On ne pourra
donc lire en France que les actes de l'autorité publique,

les mandemens, les catéchismes et les lettres pastorales. C'est ainsi que l'on veut étendre le domaine
des sciences, des arts et de la littérature.

Comment, en effet, les citoyens de la classe
moyenne pourraient-ils s'abonner aux écrits périodiques? Il faudrait pour cela qu'ils se privassent du
plus absolu nécessaire. L'article 14 élève si haut le
prix des journaux, que si l'on pouvait continuer à
en faire, il deviendrait à peu près impossible de les
vendre. Les journaux politiques paient maintenant
au timbre cinq centimes et demi par exemplaire;
ce droit, déjà exorbitant, se trouverait à peu près
doublé.

Mais ce n'est pas tout : une autre loi fiscale arrive
encore au secours de celle-ci. Le projet soumis à la
Chambre des Pairs, sur les ports de lettres et les
feuilles imprimées, augmente de trois centimes le
port de chaque exemplaire de journal : il ne payait
que deux centimes, il en paiera cinq.

Voilà donc, d'une part, les droits du fisc augmen-
tés d'une moitié en sus, et d'un autre côté des trois
cinquièmes. On a calculé, et ce calcul n'est certainement pas exagéré, que les journaux paient maintenant au gouvernement une somme équivalente
au tiers de leur produit ; avec les nouvelles contri-
butions dont on les frappe, ils paieront au trésor
les deux tiers de ce qu'ils produiront. Imposer de la
sorte une propriété industrielle, n'est-ce point détruire
cette propriété?

Essaiera-t-on de faire supporter aux souscripteurs une partie de l'augmentation ? La plupart d'entre eux ne voudront point, ne pourront pas s'y soumettre. Ainsi de tous côtés on arrive à une destruction complète. On ne veut pas autre chose. Les journaux subiront le sort de la librairie. C'est une guerre à mort déclarée à la presse périodique et non périodique ; et dans cette guerre d'extermination, les assaillans seuls sont armés ; où seront les moyens de défense des autres ?

CHAPITRE XI.

QUINZIÈME ARTICLE DU PROJET.

« Nulle société relative à la propriété des journaux, ou écrits périodiques, ne pourra être contractée qu'en nom collectif, et suivant les formes établies pour ces sortes de sociétés par le Code de commerce. Les associés ne pourront excéder le nombre de cinq. »

Sous le règne des lois établies, non point aux temps de la république, du consulat ou de l'empire, mais bien depuis la restauration, dix, vingt, trente personnes se sont réunies en société pour fonder un journal ; ce journal existe conformément à la législation en vigueur, et maintenant il faut que les actionnaires, qui ont traité sous la garantie de la loi, se dépossèdent eux-mêmes de leur propriété. Ils étaient quarante, ils ne peuvent plus être que cinq; et les articles qui suivent immédiatement ôtent à ceux qui se trouvent exclus la faculté de faire représenter leurs intérêts par les autres ; ils sont traités comme les veuves et les mineurs ; on les dépouille de tout; à leur tour ils sont spoliés, parce qu'ils ont eu le tort de s'en rapporter à la loi. Dans quel temps vivons-nous, si la loi elle-même devient spoliatrice?

Répondra-t-on que cette condition ne s'applique qu'à l'avenir et non au passé? Pourquoi le projet ne le dit-il pas? Non-seulement il garde le silence, mais encore, comme toute la loi est imbue de rétroactivité, le juge, obligé de l'appliquer, se verra forcé de faire taire la justice et sa conscience, pour devenir, malgré lui, complice du vol ordonné par la législation!

Et pourquoi, par une exception sans exemple, ne sera-t-il permis qu'à cinq personnes seulement de se réunir en société pour fonder un journal? Parce que l'expérience a appris au ministère qu'on n'achète pas l'honneur de tout le monde, et qu'il est plus facile de marchander, de corrompre trois individus que vingt. Toujours des piéges, toujours des perfidies, toujours du jésuitisme [1]!

---

[1] Les formes établies par le Code de commerce, pour les sociétés en nom collectif, sont inapplicables aux actionnaires

CHAPITRE XII.

SEIZIÈME ET DIX-SEPTIÈME ARTICLE DU PROJET.

« Tous actes, toutes conventions et dispositions
» relatifs à la propriété d'un journal ou écrit pério-
» dique, qui seraient faits par l'auteur ou par les
» auteurs de la déclaration, seront valables, nonob-
» stant toutes contre-lettres et stipulations con-
» traires. Ces contre-lettres et stipulations seront
» nulles et sans effet envers toutes personnes, même
» entre les parties contractantes. » (Art. 16.)

— « Seront nuls et sans effet tous actes, conven-
» tions et dispositions relatifs à la propriété d'un
» journal ou écrit périodique, qui seraient consentis
» par des personnes autres que celles qui ont fait
» la déclaration. » (Art. 17.)

L'article 16 paraît d'abord obscur; en le relisant
on voit qu'il interdit aux cinq associés tout arrange-

---

d'un journal. La mort de l'un des associés, par exemple,
entraîne de droit la dissolution d'une société collective ; s'il
en était ainsi pour l'entreprise d'un journal, sa publication
se trouverait nécessairement interrompue par la mort de
l'un des propriétaires, et cette interruption, qui, dans tous
les cas, lui serait funeste, pourrait entraîner sa ruine totale.

4.'

ment, toute convention particulière entre eux; il leur interdit même le principal lien de toutes les associations, la confiance réciproque.

Le 17ᵉ. article va bien plus loin encore; il veut dire : hier vous étiez quinze propriétaires d'un bien commun, aujourd'hui vous ne pouvez plus être que cinq; mais comme la spoliation est devenue chose obligatoire, les dix propriétaires forcément exclus ne pourront, à aucun titre, par quelque moyen que ce soit, confier leurs intérêts à leurs anciens associés; il faut que tout soit perdu pour eux ; on ne leur laisse pour garantie unique de propriété, pour dernière ressource, que la parole d'un homme qui peut mourir le lendemain. Où donc est Tartufe pour nous faire une législation sur la presse?

CHAPITRE XIII.

DIX-HUITIÈME ARTICLE DU PROJET.

« Toute poursuite pour délits et crimes commis » par la publication d'un journal ou écrit périodique » quelconque, sera dirigée contre les propriétaires » de cet écrit périodique ou journal. »

Afin de détruire la fiction d'un éditeur responsable, créée par l'ancienne législation, la loi nouvelle a imaginé d'étendre, d'agrandir encore cette même fiction. Aujourd'hui, l'éditeur responsable peut fort bien être innocent d'un article pour lequel le juge est obligé de le condamner; désormais, au lieu d'un seul individu non coupable, il pourra s'en trouver quatre et même cinq qu'on devra condamner également. On sait bien qu'en général les propriétaires de journaux ne sont pas ceux qui les rédigent; ils connaissent d'avance, moins encore que l'éditeur responsable, le numéro du lendemain, dont pourtant il faudra qu'ils répondent corps et biens. Dans tous les cas, comme un article de journal ne se fait pas à la manière d'un vaudeville, pour venger la société outragée, la loi punit de la même peine et le véritable coupable et quatre citoyens, dont la non-culpabilité sera évidemment démontrée. C'est outrager la justice, c'est faire violence à la conscience des magistrats que de leur imposer le devoir de prononcer de telles condamnations.

Voudrait-on que les cinq propriétaires fussent également les rédacteurs du journal? S'ils sont condamnés, emprisonnés, comment pourront-ils continuer à le rédiger? On voit percer partout l'intention, mal dissimulée de la loi, d'arriver toujours à l'impossibilité de la publication. Les ministres et les jésuites, et bientôt les jésuites seuls, pourront se faire imprimer. C'est ainsi qu'ils entendent, qu'ils veulent la liberté de la presse!

CHAPITRE XIV.

DES PEINES.

DIX-NEUVIÈME ET VINGTIÈME ARTICLES DU PROJET.

(Il n'est pas nécessaire de les reproduire.)

Ces deux articles, notamment le 19e., n'ont pour but qu'une aggravation de peines, et la pénalité n'est augmentée qu'en faveur du fisc. L'augmentation des amendes pèse plus particulièrement sur des délits que les tribunaux n'ont pas encore eu à punir, depuis que les journaux sont délivrés de la censure. Cette observation ne prouve-t-elle pas bien la nécessité de ces dispositions fiscales ?

CHAPITRE XV.

VINGT-UNIÈME ARTICLE DU PROJET.

« Tout délit de diffamation commis envers les » particuliers pourra être poursuivi d'office, lors » même que les particuliers diffamés n'auraient pas » porté plainte. »

Quelle attention délicate pour punir, sans qu'ils s'en plaignent, les injures faites aux citoyens. Un individu sera maltraité dans un écrit, le journaliste ou le pamphlétaire auront eu la coupable audace de publier sur son compte quelque médisance fâcheuse, quelque odieuse calomnie; mais cet individu, aimant par-dessus tout la paix et la tranquillité, ne voudra pas s'exposer aux désagrémens d'un procès; pour toute réparation, il se contentera du mépris; ou bien encore, si l'on a l'infamie de pénétrer dans ses foyers, dans sa vie privée, il se pourra qu'afin d'éviter plus de scandale il se résigne au silence. Il ne le pourra pas; malgré lui, le ministère public se fera son Don Quichotte, et traduira au grand jour des tribunaux certains débats de famille, certaines tribulations de ménage, qui seraient demeurés ensevelis dans les pages d'un misérable libelle. Cet honnête homme peut avoir intérêt à souffrir sans se plaindre des injures ou des outrages qui lui sont personnels; la loi ne le veut point : elle augmente, elle perpétue ses peines et ses chagrins, et la réparation qu'elle l'oblige à recevoir est cent fois pire pour lui que l'offense qui lui a été faite. Il faut que le rédacteur de l'article 21 ait oublié ce que disent au voisin, qui s'interpose hors de propos dans leur querelle, Sganarelle et sa femme : « Et vous êtes un sot de venir vous fourrer où vous n'avez que faire.... Et vous êtes un impertinent de vous ingérer des affaires d'autrui....»

CHAPITRE XVI.

« Tout imprimeur d'écrit publié et condamné
» sera, dans tous les cas, responsable civilement
» et de plein droit des amendes, des dommages
» et intérêts, et des frais portés par les jugemens
» de condamnation. »

La responsabilité des écrits, auxquels ils sont
étrangers, pèserait donc directement sur les imprimeurs; on leur fait l'outrage de les transformer en
censeurs, sans que leur censure, non plus que celle
des examinateurs de la police, puisse offrir ni pour
les écrivains, ni pour eux-mêmes, aucune espèce
de garantie. Une censure préalable qui expose à la
ruine et à la prison et celui qui la fait et ceux
contre lesquels elle s'exerce : quelle épouvantable
combinaison!

L'honneur de cette innovation n'appartient pas
au ministère; il revient à M. de Bonald, qui a publié, en 1824, une brochure dans le but de dé-
montrer que pour réprimer les abus de la presse,
on devait punir, avant l'auteur de l'ouvrage criminel,
l'imprimeur qui l'a imprimé. D'après ces principes,
1 faut condamner à mort l'armurier qui a fabriqué

le fusil dont, s'est servi l'assassin pour tuer un homme dans un bois. Cette doctrine, au surplus, vient du fameux de Maistre ; elle est digne de celui qui regardait le bourreau comme la première base de l'ordre social.

CHAPITRE XVII.

VINGT-TROISIÈME ET DERNIER ARTICLE DU PROJET.

« Les dispositions des lois antérieures, qui ne » sont pas contraires à la présente loi, continue- » ront d'être exécutées. »

Déjà il a été démontré que la *présente loi* contenait de telles dispositions qu'on pourrait défier le plus habile de les entendre et de les expliquer. Comment savoir, dès lors, quelles sont les dispositions des lois antérieures qui se trouvent contraires ou non à celles-ci ? C'est un labyrinthe sans issue, une confusion, un chaos où personne ne peut se reconnaître. Voilà quelles lois il faut au ministère ; Montesquieu les voulait autrement.

CHAPITRE XVIII.

SUR L'EXPOSÉ DES MOTIFS DU PROJET.

Personne ne contestera la libéralité de ces principes, d'éternelle vérité, que « les bonnes législa-
» tions ne se font que successivement; que le temps,
» qui change les mœurs et les intérêts des sociétés,
» fait naître aussi pour elles des besoins nouveaux
» et des inconvéniens imprévus; que c'est lui, le
» plus souvent, qui découvre et qui fait les imper-
» fections et l'insuffisance des lois; que les lois doi-
» vent avoir, comme lui, leurs progrès et leurs chan-
» gemens. » L'immortel auteur de l'Esprit des Lois
l'a dit et l'a prouvé; mais il n'a pas dit qu'il fallait
que la législation marchât en raison inverse des
progrès des lumières, des besoins chaque jour plus
impérieux de la société. Par une de ces anomalies,
si familières aujourd'hui aux dépositaires du pouvoir, on fait partir la loi d'une nécessité légitime,
pour la faire aboutir à des conséquences directement
opposées à ces nécessités avouées. On reconnaît
qu'il faut marcher avec le siècle, et au lieu de
le suivre, on veut le faire rétrograder ; tout en
confessant le besoin d'avancer , on recule ; on
remonte avec tant d'ardeur vers les temps anciens, qu'il n'est pas possible de fixer les limites

destinées à marquer l'époque antique où l'on prétend s'arrêter. Il faudrait, pour essayer de la pré-
ciser, reculer jusques au moyen âge, et ne s'arrêter
qu'aux jours de barbarie qui suivirent la chute de
l'empire romain.

Pour qui donc la presse est-elle devenue « un
» instrument de crainte et d'oppression ? » Serait-
ce, par hasard, les électeurs vendus au ministère qu'elle aurait rendus craintifs ; les agens
du pouvoir qu'elle aurait opprimés ? Quels sont
donc les opprimés en France, autres que les ad-
ministrés ? Quels sont les oppresseurs, autres que
le ministère et ses agens ? En vérité, il faut une
grande modération pour entendre de sang-froid le
pouvoir se plaindre des craintes qui l'agitent, et
de l'oppression qu'il éprouve. Est-ce donc à la
congrégation, aux jésuites qu'il s'adresse ?

Des excès ont eu lieu, des délits ont été commis ! mais les tribunaux n'ont-ils pas vengé la
société outragée ? Où sont donc les crimes si énormes dont la presse est devenue le dangereux
instrument ? N'est-ce point insulter à la justice
que d'oser avancer qu'elle a été impuissante à les
réprimer ? Sans doute quelques écrivains ont eu
le tort de pénétrer dans la vie privée des citoyens,
qui doit être murée, selon l'énergique expression
de M. Royer-Collard ; mais, encore une fois, la justice est-elle muette ou inactive ? Parce qu'un in-
cendie a dévoré de beaux et utiles établissemens,

parce qu'il a ruiné des familles, faut-il interdire l'usage du feu? A ce prix, il faudrait tout détruire, tout anéantir : il n'est point d'institution, quelle que soit son excellence, qui ne pèche par un côté quelconque, et qui ne soit condamnée à l'imperfection. La presse n'est pas à l'abri de la loi commune, et pour y remédier, le ministère ne trouve qu'un seul moyen, celui de la vouer à une complète destruction. Cessez au moins de dissimuler, confessez sans détour que la congrégation a déclaré une guerre à mort à l'imprimerie, et qu'elle vous a imposé l'obligation de l'anéantir.

A quoi sert le dépôt, s'il ne précède la publication? Il sert à constater cette publication, à fournir, au besoin, une preuve légale, matérielle de la culpabilité de l'ouvrage, si l'ouvrage est coupable; il sert enfin à représenter le corps du délit. Vouloir le faire servir à autre chose, exiger un examen préalable, c'est ressusciter l'odieuse censure dont vous avouez vous-même que *personne ne veut* [1]; c'est beaucoup plus encore, puisqu'il est démontré que les divers articles du projet abolissent de fait l'imprimerie en France.

Dans la discussion des articles de cette loi vandale, comme l'appelle éloquemment M. de Châteaubriand, les prétextes des mesures proposées dans

---

[1] Expressions du *Moniteur* dans un article fait et avoué par l'autorité, puisqu'elle en a exigé l'insertion dans les autres journaux.

le but de mettre un terme à la longue série des plaintes excitées par l'ancienne législation ont été appréciés ; ces plaintes ont passé par la bouche des auteurs du projet, cela suffit pour en déterminer la valeur. Il en est une cependant dont il n'a pas encore été question : « On se plaignait du nombre toujours » croissant de ces publications par petits volumes » qui se multiplient presque sans frais, qu'on vend : » ou qu'on donne presque [indifféremment, qui » circulent sans obstacle et sans termes ; véritables » auxiliaires des feuilles périodiques dont ils repro- » duisent et augmentent les inconvéniens sans en » offrir les garanties. »

L'auteur de l'exposé parle ici des petites Biographies. Il oublie donc que ces pamphlets ont été punis par les tribunaux, et que depuis les justes châtimens dont ils ont été l'objet, un seul n'a pas vu le jour. La législation actuelle, dont on ne prétend point faire l'apologie, n'est donc pas aussi impuissante qu'on affecte de le répéter, à réprimer, à prévenir le mal.

Et, d'ailleurs, la police a été publiquement accusée d'être le principal instrument de quelques-unes de ces fabrications scandaleuses ; elle est accusée d'avoir, après les punitions qu'ils ont encourues, accordé des faveurs à plusieurs de ceux qui ont été condamnés comme auteurs de ces petites Biographies, dont on fait si grand bruit, maintenant qu'elles sont lacérées et à jamais ensevelies dans le dégoût général qu'elles ont inspiré. Il n'a été fait encore aucune réponse à ces graves accusations; si l'on osait les nier, il y serait répliqué par des preuves irrécusables. La police a donc été convaincue d'avoir commis ou fait commettre des délits réels, pour supposer l'urgence de punir des crimes imaginaires.

Les petites Biographies ont été de véritables auxiliaires des feuilles périodiques! mensonge, calomnie. Avant les poursuites judiciaires qui les ont frappées, elles avaient été signalées à l'opinion, condamnées au nom de la morale, par le silence du mépris, ou par la flétrissure d'une critique sévère, dans tous les journaux indépendans. Y aurait-il aussi quelques Baziles parmi les rédacteurs de la loi?

Les coupables d'injures ou de diffamations par la voie de la presse n'ont pas été soustraits aux sévérités de notre droit criminel, puisque les tribunaux leur ont appliqué toute la rigueur des lois. Parlez-vous des écrivains que vous avez accusés et que la justice n'a pas trouvés coupables? C'est un nouvel outrage envers les cours royales. Connaissez-vous quelques coupables non déférés aux tribunaux? Sur vous seul, en ce cas, doit retomber le déni de justice, puisque vous exercez une action directe, despotique sur les officiers du ministère public, sur les magistrats accusateurs, qui, vous l'avez proclamé cent fois, doivent subir le souverain empire de vos volontés.

Quant aux fantômes qui ont motivé les dispositions de la loi, relatives à l'examen préalable des écrits, c'est-à-dire au dépôt pendant cinq ou dix jours, il y a été également répondu; on a répondu aussi à la responsabilité de l'imprimeur, et on peut défier d'opposer une seule objection valable aux argumens qui ont démontré l'impossibilité de toute publication avec cette redoutable responsabilité.

Le timbre exorbitant qui frappe les devises de confiseur et les poëmes, les parades et les chefs-d'œuvre de la scène, a été à son tour l'objet de réflexions qui conduisent toutes au même résultat : l'abolition des droits de penser tout haut.

Les éditeurs responsables des journaux sont supprimés pour n'atteindre, dit-on, que les véritables coupables ; et au lieu d'un, on en crée cinq! Par ce moyen, cette fiction se trouve quintuplée si l'on peut ainsi parler. Pour un coupable qui pourra toujours se soustraire aux poursuites de la justice, au lieu d'un seul innocent, la loi veut en frapper cinq. Et cela est si vrai que, parmi les propriétaires de l'un des journaux les plus répandus, et qui combat énergiquement tous les jours la fatale influence de la congrégation, il se trouve un congréganiste.

Le besoin d'inventer à plaisir des prétextes de rigueurs inouïes se fait sentir à chaque mot de cet exposé : on ose invoquer les livres impies et licencieux ! Où sont-ils, d'où viennent-ils ces livres qui corrompent les mœurs, qui outragent la pudeur? Depuis que la presse est libre, elle n'en a pas reproduit un seul. Tous ont vu le jour pendant qu'elle était esclave, parce que c'est de l'état d'esclavage que naissent l'immoralité et l'impunité.

Il serait superflu de reparler du timbre. Tout est dit sur ce chapitre.

Un mot encore sur les propriétaires de journaux que la loi oblige à n'être que cinq au plus. Sans égard pour des actes publics antérieurs, et en invoquant le principe contraire à tous droits, à toute justice, de la rétroactivité, les cinq propriétaires exigés par la nouvelle loi ne peuvent, sous aucune forme, sous aucun prétexte, représenter les intérêts de leurs anciens associés, de ceux qui ont les mêmes droits qu'eux-mêmes ; et l'on déshérite, on spolie les veuves et les mineurs. Ce seul article de la loi bouleverse et détruit de fond en comble le titre entier du Code civil relatif aux successions. Cent exemples le prouveraient ; citons-en un seul. Un citoyen, propriétaire pour un cinquième dans une entreprise de journal, meurt; si ses héritiers sont majeurs, il leur laisse un bien indivisible et qu'un seul est habile à posséder exclusivement ; celui-là sera donc forcé d'acheter la part des autres ? Et s'il ne le veut point, s'il ne le peut pas ? Quelle monstruosité qu'une semblable disposition législative, qui prive de l'héritage paternel, à l'exception d'un héritier unique, tous les autres héritiers légitimes, en les mettant dans l'impossibilité absolue de le recueillir !

Les enfans sont-ils mineurs ? ils perdent tout. Habiles à hériter, veulent-ils que leur père restitue la dot, le bien de leur mère ; si ce bien repose sur la propriété d'un journal, les droits des enfans, représentant leur mère défunte, seront non avenus ; le code civil qui les protége sera foulé aux pieds.

Faut-il donc s'étonner des cris de détresse que ce projet inique fait éclater en tous lieux ? il menace toutes les existences, il viole toutes les lois sages, tous les droits légitimes. A côté de celle-ci, la loi de Sparte qui autorisait le vol était une œuvre de justice, de prudence et de loyauté. Quels temps que ceux où une telle loi peut être présentée aux méditations des législateurs d'une grande nation !

CHAPITRE XIX.

DES EFFETS IMMÉDIATS ET MATÉRIELS DE LA LOI.

Le nombre des imprimeurs de Paris s'élève à quatre-vingts : en évaluant à vingt presses la quantité moyenne de celles que chacun d'eux met en œuvre, il en résulte qu'ils fabriquent chaque jour mille volumes environ de vingt feuilles d'impression.

Quatre-vingt mille volumes sont donc répandus journellement dans la capitale pour aller se vendre en France ou dans l'étranger. En portant le prix des volumes à 2 francs de fabrication, il en résulte que les ouvrages imprimés représentent, par jour, une valeur de 160,000 francs. Chaque volume, pour les matières premières, telles que vieux chiffons, encre, etc., peut être évalué à 10 centimes ; il reste dès lors, pour simple main-d'œuvre, 152,000 francs. La journée moyenne des imprimeurs est de 3 francs; d'où il suit que cinquante mille six cent soixante-six ouvriers sont occupés dans les ateliers d'imprimerie de Paris. Arrondissons le nombre, et mettons seulement cinquante mille, ci.   50,000

On peut, sans exagération, évaluer à une égale quantité les fondeurs et graveurs en caractères, les fabricans de presses et d'ustensiles d'imprimerie et de fonderie,

50,000

les *satineurs, assembleurs, brocheurs,* 50,000

relieurs, etc., ci. 50,000

Ajoutons seulement le cinquième pour les départemens ; ce cinquième donne l'emploi de vingt mille ouvriers, ci. . . 20,000

On compte à Paris six cents libraires ou étalagistes de livres ; en y ajoutant les cabinets de lecture, les commis de librairie, le tout emploie au moins trois mille personnes, ci. 3,000

Ce n'est pas trop assurément que de porter à un nombre égal les libraires ou commis de librairie dans les départemens, ci. . . 3,000

Arrivons maintenant aux fabriques de papier ; elles consomment annuellement à Paris et dans les départemens pour la valeur de 30,000,000 de marchandises. Un capital de 20,000 francs occupe dans le cours de l'année dix ouvriers, ce qui fait, pour 30,000,000, quinze mille ouvriers, ci. 15,000

En tout. 141,000

On doit calculer au moins à trois le nombre des vieillards, des femmes, des enfans que le travail de chacun de ces cent quarante-un mille ouvriers fait vivre, ce qui donne en plus *quatre cent vingt-trois mille* personnes, ci. 423,000

Total. 564,000

5.

564,000

Est-ce trop que de porter à quatre cent trente-six mille le nombre d'individus employés, par le fait du commerce de la librairie, à ramasser les chiffons, à transporter les marchandises, à construire, à entretenir, à réparer les usines, les ateliers, etc., etc., ci.   436,000

Total approximatif, un million [1], ci. 1,000,000

Voilà donc un million d'individus, le trentième de la population, que la loi prive en grande partie de leur travail, du seul moyen d'existence qu'ils possèdent. Voilà un million d'ouvriers réduits à la mendicité, jetés en oisifs sur le sol de la France, déjà encombrée de milliers d'autres ouvriers sans travail aussi, et par conséquent sans moyens d'existence. Quel est l'homme sage, l'homme d'état prévoyant, le citoyen paisible, le législateur éclairé, qui ne doive frémir de terreur à l'idée de tant de misère et aux conséquences d'un tel désespoir ?

Et dans ce calcul, on ne fait point entrer cette prodigieuse quantité d'écrivains auxquels la loi ôte également le travail et le pain.

---

[1] On peut encore augurer des effets de la loi, en les considérant sous un autre point de vue, quand on saura que les imprimeurs et les libraires de Paris, signataires de la pétition adressée à la Chambre des députés, représentent une valeur positive de soixante-dix millions, et des valeurs en circulation pour deux cent cinquante millions.

On ne doit point s'étonner d'un résultat aussi désastreux, aussi effrayant : parmi les fabrications de tous genres qui s'exploitent en France, sous le rapport des produits, les soieries tiennent, le premier rang ; le commerce de la librairie et toutes les industries qu'il alimente, vient en seconde ligne, immédiatement après.

Il faut compter aussi la moralité, la vie, les habitudes des ouvriers imprimeurs, qui se trouvent frappés d'une manière plus directe et plus immédiate ; ils forment une classe à part ; classe laborieuse, instruite, honorable, ayant pour la plupart des femmes, des enfans, une famille, dont ils sont l'unique soutien, la seule providence.

Dans leurs ateliers, les compositeurs et ouvriers d'imprimerie vivent presque en république ; ils ont des chefs, mais ils ne doivent obéissance qu'à des lois, à des règlemens particuliers et spéciaux ; amis de l'ordre, soumis à leurs devoirs, ils aiment l'indépendance, ils chérissent la liberté : en échange de leur bien-être actuel, que leur offre-t-on en perspective ? La misère !

CHAPITRE XX.

DES EFFETS DE LA LOI SOUS LE RAPPORT MORAL ET SOUS LE RAPPORT POLITIQUE.

Si la législation d'un peuple doit être l'expression de ses droits, de ses mœurs, de ses besoins, quel nom peut-on donner à une loi qui méconnaît les besoins les plus impérieux de la société, qui est en opposition direc e avec les mœurs du pays, et qui trahit tous les droits des citoyens ; à une loi violatrice à la fois de la Charte et des codes qui nous régissent ?

Montesquieu dit que la plus odieuse de toutes les tyrannies, est celle qui s'exerce à l'ombre des lois ; il y a quelque chose de pire encore, c'est la tyrannie des lois absurdes.

La liberté de la presse était acclimatée parmi nous ; ses dangers avaient cessé d'effrayer les plus timides ; en faveur des bienfaits, des garanties dont elle est la source, en excusait ses écarts réprimés par les lois. Et c'est lorsque tout le monde la veut, lorsqu'il n'est plus personne qui ne reconnaisse qu'elle est devenue pour la France un besoin général, une nécessité absolue, qu'un ministère aveugle ou perfide ose tenter de nous ravir cette précieuse liberté, et vient sonner le tocsin au milieu d'une nation qui ne demande que le repos et la paix.

S'il se pouvait qu'un ministère eût conçu l'effroyable pensée de bouleverser le pays, de remettre tout en question, de déshériter la France de ses plus belles gloires, de compromettre toutes les sûretés, depuis celles des chaumières jusques à celles des palais, de déclarer la guerre à la civilisation, de replonger la France dans la barbarie et dans le chaos; pour arriver à son but, qu'aurait-il de mieux à faire que d'imposer la loi de malheur et d'iniquités qui vient d'être enfantée? [1]

Une pareille loi n'est-elle point un ac ⌐ de rébellion, de trahison, également dirigé contre le trône et la nation? Elle trahit la nation, puisqu'elle menace d'ensevelir la dernière de ses libertés; elle trahit le trône, puisque naguère encore nous en avons vu descendre le serment de protéger, de défendre cette liberté chérie.

Qu'on ne s'y trompe point, il ne nous reste de la Charte en lambeaux que la liberté de la presse: cette dernière et précieuse garantie une fois détruite, le sacrifice sera consommé, l'œuvre de la sagesse aura disparu. On l'a mille fois répété, il faut bien le redire encore, c'est l'avenir que nous prépare, que nous destine cette faction implacable qu'on appelle religieuse et qu'il faut nommer impie.

---

[1] La jugeant sans doute insuffisante encore pour ses besoins, le ministère conserve pour surcroît et la loi de tendance et la loi de censure.

Elle veut régner seule, ne fût-ce que sur des ruines, et pour arriver à cette domination exclusive qu'elle convoite et qu'elle est sur le point de saisir, aucun sacrifice ne saurait lui coûter. L'industrie et le commerce vivifient, enrichissent l'état, il faut les anéantir; leur crime vient de la liberté qui les féconde ; les beaux-arts, les sciences, la littérature sont le plus beau lustre des nations, mais ils n'ont d'éclat qu'au grand jour, et c'est dans les ténèbres qu'on veut nous plonger. Le grand siècle de Louis XIV lui-même ne saurait trouver grâce devant les barbares de notre âge.

Une loi, comme celle qu'on tient suspendue sur nos têtes, deviendrait pour la France un monument de honte et d'opprobre; elle n'existe qu'en projet, et déjà ce projet est une calamité nationale.

Cette loi réunit en elle tous les germes de discorde, d'anarchie et de convulsion politique ;

Elle est déloyale, immorale, anti-religieuse, car elle repose sur le dol, sur la fraude, sur la spoliation ;

Elle est contraire à toutes les notions d'une sage politique, puisque son absurdité n'en permet l'exécution qu'à l'arbitraire et à la tyrannie ;

Elle est anti-politique en ce sens, surtout, que toutes les lois absurdes et odieuses poussent à la révolte par le mécontentement, et préparent les révolutions.

Et cependant cette loi a pu être présentée aux

législateurs de la France, aux mandataires de la nation! Répudiée par tous, ceux qui l'ont forgée ne craignent pas de dire qu'elle était attendue, désirée; et par qui? qu'ils se comptent ceux qui la veulent, et qu'ils nous comptent aussi; après ce dénombrement, qu'ils veuillent ne pas oublier que c'est à l'occasion d'une loi fiscale et oppressive, l'impôt sur le timbre, qu'on vit éclater en France les premiers symptômes de plus terrible des révolutions!

FIN.

TABLE DES CHAPITRES.

FIN DE LA TABLE.

www.ingramcontent.com/pod-product-compliance
Lightning Source LLC
La Vergne TN
LVHW050622090426
835512LV00008B/1628